Mon carnet de recettes

Weight Watchers®

À petits prix

MARABOUT

Stylisme : Natacha Arnoult – Création graphique : Aurélie Steinmetz
Mise en pages : Frédéric Voisin

Hachette Livre – Département Marabout
43, quai de Grenelle, 75905 Paris Cedex 15

41-4739-3/01
ISBN : 978-2-501-09342-2

Dépôt légal : avril 2014
Achevé d'imprimer en février 2014
par Macrolibros en Espagne.

SOMMAIRE

Les ingrédients de base

Lait
Sauf indication contraire, nous utilisons du lait écrémé ou demi-écrémé dans toutes les recettes.

Œufs
Sauf indication contraire, nous utilisons des œufs de taille moyenne dans toutes les recettes. Nous vous recommandons de les sortir à température ambiante avant de les cuisiner, sinon vous aurez du mal à les battre ou la coquille pourra se fendre quand vous les plongerez dans l'eau chaude.

Graisses & huiles
Nous employons un spray pour cuisson allégée en matières grasses. Si vous n'en trouvez pas dans le commerce, utilisez un spray de cuisson ordinaire, cela vous fera économiser jusqu'à 50 % de matières grasses.

Fromage & yaourt
Dans toutes les recettes, nous privilégions les fromages allégés ou les fromages frais sans matières grasses. Pour les préparations qui contiennent du yaourt, choisissez de préférence des yaourts à la grecque à 0 % ou à 20 % de matières grasses.
Ces produits se trouvent facilement dans les grandes surfaces.

Fruits & légumes
N'oubliez pas qu'il est important de consommer au moins cinq fruits et légumes par jour. La plupart des recettes de ce livre sont riches en légumes et vous offrent un moyen de les privilégier dans votre programme alimentaire en vous faisant plaisir. Choisissez de préférence les produits de saison et n'oubliez pas que vous pouvez congeler les restes. Les fruits et légumes vous aident à vous sentir rassasié et pourront vous éviter les grignotages d'aliments gras et sucrés.

LE PLACARD À PROVISIONS

Anis étoilé

Bouillons cube (légumes, volaille & bœuf)
Bouquet garni

Champignons séchés
Châtaignes d'eau (en conserve)
Citronnelle
Citrons
Concentré de tomates
Crème de maïs
Crème de noix de coco
Crevettes (surgelées)

Épices moulues : coriandre, cumin, cinq-épices chinois, sept-épices thaï, curcuma, paprika, cannelle, gingembre, noix de muscade, poivre de Cayenne, curry

Farine ordinaire
Fécule de maïs (Maïzena®)
Feuilles de citronnier kaffir
Feuilles de laurier
Fruits de mer mélangés (surgelés)

Gingembre
Gousses d'ail
Graines : carvi, fenouil, cumin

Haricots en conserve : haricots blancs, borlotti, flageolets, etc.
Herbes séchées (origan, thym, etc.)
Huile végétale

Jus de tomate

Lait de coco allégé
Lentilles : vertes, du Puy, corail, brunes & jaunes

Maïs doux (en conserve ou surgelé)
Margarine allégée pour cuisson
Mayonnaise allégée
Miel liquide
Moules au naturel (en conserve)
Moutarde (de Dijon ou à l'ancienne)

Nouilles (de riz et aux œufs)

Orge perlé

Pâte de curry thaïe
Pâtes
Petits pois (surgelés)
Piment (en flocons, en poudre)
Pois cassés
Pois chiches (en conserve)
Poivre en grains
Purée ou coulis de tomates

Riz (basmati et risotto)

Safran
Sauce de poisson thaïe
Sauce de soja légère
Sauce Worcestershire
Sel (sel de mer ou allégé en sodium)
Semoule à couscous
Spray pour cuisson allégée
Sucre roux

Tabasco
Tomates (en conserve)

Vin de riz pour la cuisine
Vinaigres : balsamique, de vin blanc, de riz, etc. xérès (sec ou demi-sec)

INTRODUCTION

Nos grands-mères avaient l'habitude de faire des miracles en cuisine avec un budget souvent restreint pour toute la famille. Donc, bien manger ne signifie pas forcément dépenser plus.

Ce livre est une mine de recettes avec des aliments de base qu'un tour de main sublimera pour faire saliver toute la famille ! Galette croustillante, porc au lait sauce curry, crème au café meringué, et toujours pour moins de 5 euros par personne.

Entrée, plat, dessert, il y aura plus d'une recette pour vous régaler !

Et n'oubliez pas que pour un bon équilibre alimentaire, vous devez chaque jour manger de tout ! Et la viande ou le poisson ne sont pas forcément nécessaires aux 2 repas. En servir à un seul repas peut suffire.

En revanche, il est bien d'avoir un féculent à chaque repas ; soyez simplement vigilant sur les matières grasses que vous y ajoutez (allez voir la recette de pâtes épicées aux poivrons rouges par exemple).

4 PERSONNES

PRÉPARATION

10 MIN

CUISSON

25 MIN

2,5 €

Papillote aux champignons

8 gros champignons de Paris
1 citron
50 g d'échalote
2 gousses d'ail
1 c. à café d'huile d'olive
1 c. à soupe de persil
200 g de jambon dégraissé
2 c. à soupe de chapelure
4 c. à café de beurre
Sel, poivre

Préchauffer le four à 210 °C (th. 7).
Peler l'échalote et l'ail. Laver les champignons, puis séparer les têtes des pieds. Les citronner légèrement. Hacher les pieds avec l'échalote et l'ail.
Dans une poêle recouverte d'une feuille de cuisson*, faire revenir le hachis champignons-ail-échalote dans l'huile. Puis cuire jusqu'à évaporation complète de l'eau. Hors du feu, ajouter le persil haché, le jambon haché et la chapelure.
Saler et poivrer les têtes des champignons. Les farcir avec la préparation précédente. Découper 8 carrés de papier d'aluminium. Déposer une tête de champignon dans chaque carré puis ½ cuillère à café de beurre sur la farce.
Replier pour former la papillote. Enfourner pendant 20 minutes.

Remplacer le jambon par du filet de bacon.
Ces champignons peuvent également se cuire directement sur la lèchefrite.

** Feuille de Téflon alimentaire qui permet de cuisiner sans ajouter de matières grasses.*

6 PERSONNES

PRÉPARATION 15 MIN

CUISSON 30 MIN

2 €

Tarte aux pousses d'épinard

180 g de pâte à tarte brisée, allégée
2 œufs
200 g de parmesan râpé
150 g de cottage cheese à 20 %
150 g de jeunes pousses d'épinard
¼ de c. à café de muscade
Sel, poivre

Préchauffer le four à 210 °C (th. 7).
Dérouler la pâte, la disposer dans un moule à tarte de 24 cm de diamètre avec son film de cuisson. Égaliser les bords et les pincer légèrement.
Rincer les pousses d'épinard, les couper en morceaux avec des ciseaux, les faire suer dans une poêle antiadhésive avec 1 cuillère à soupe d'eau pendant 2 minutes. Égoutter.
Séparer les jaunes des blancs d'œufs. Fouetter les jaunes avec le parmesan, le cottage cheese et la muscade. Ajouter les épinards, saler, poivrer et bien mélanger. Battre les blancs d'œufs en neige avec une pincée de sel, les incorporer au mélange au cottage cheese.
Verser la préparation dans le moule et enfourner pendant 30 minutes.
Servir de suite pendant que la tarte est bien gonflée.

Remplacer éventuellement les pousses d'épinard par des feuilles de blette.

4 PERSONNES

PRÉPARATION

10 MIN

CUISSON

20 MIN

1€

Petits ramequins au roquefort

4 petits œufs
6 c. à café de crème fraîche à 4 %
90 g de roquefort
Sel, poivre

Préchauffer le four à 200 °C (th. 6-7).
Battre les œufs avec la crème fraîche et le roquefort finement écrasé.
Saler et poivrer. Répartir dans 4 ramequins.
Les placer dans un plat rempli d'eau et cuire 20 minutes au four au bain-marie.
Démouler et servir chaud.

Accompagner d'une salade de mâche.

Croq'fraîcheur

4 PERSONNES

PRÉPARATION

20 MIN

3 €

½ concombre
2 carottes
1 branche de céleri
12 radis
4 c. à café de jus de citron
4 c. à soupe d'oignon blanc haché
4 c. à café d'ail haché
4 c. à soupe d'herbes ciselées (ciboulette, persil, menthe)
4 pots de fromage frais type demi-sel à 0 % (100 g chacun)
8 bâtonnets de surimi
1 bocal de cœurs de palmier (250 g poids net)
4 c. à café d'huile d'olive
Sel, poivre

Mélanger l'huile, le jus de citron, l'oignon, l'ail, les herbes et le fromage frais en fouettant. Saler et poivrer. Répartir dans 4 coupelles. Filmer et réserver au réfrigérateur.
Juste avant de servir, éplucher et tailler en bâtonnets le concombre, les carottes et la branche de céleri. Rincer et équeuter les radis, égoutter les cœurs de palmier.
Sur 4 assiettes de service, répartir les légumes préparés en petit tas, pêle-mêle.
Ajouter les bâtonnets de surimi. Accompagner d'une coupelle de sauce au fromage blanc : chaque convive trempera ses dips dans la sauce avant de les croquer.

Utiliser d'autres légumes tels que des fleurettes de chou-fleur ou des champignons coupés en lamelles.

2 PERSONNES

PRÉPARATION

15 MIN

CUISSON

3 MIN

1€

Salade de courgette *à la menthe*

1 petite courgette
1 concombre
1 gousse d'ail hachée
1 c. à soupe de jus de citron
1 c. à soupe de menthe ciselée
1 c. à café d'huile d'olive
1 c. à soupe de miel
4 c. à café de vinaigre de vin blanc
Sel, poivre

Accompagner d'une tranche de pain complet.

Peler partiellement la courgette et le concombre en prélevant une bande sur deux de peau à l'aide d'un couteau économe. Les couper en fins bâtonnets. Faire chauffer l'huile d'olive dans une poêle antiadhésive, y faire revenir les bâtonnets de légumes rapidement avec la moitié de l'ail. Les mettre dans un saladier.
Dans un bol, diluer le miel dans le jus de citron, le vinaigre et le reste d'ail. Verser la sauce sur la salade, saler, poivrer et remuer. Parsemer de menthe.

4 PERSONNES

PRÉPARATION

10 MIN

Petites pousses à l'italienne

4 fines tranches de jambon cru, découenné et dégraissé (160 g)
1 carotte
1 orange
125 g de pousses d'épinard
2 c. à soupe d'huile de noix
1 c. à soupe de vinaigre de xérès
Sel, poivre

Remplacer les pousses d'épinard par de la mâche ou de la roquette.

Peler l'orange à vif et prélever les quartiers.
Découper le jambon cru en fines lanières.
Éplucher la carotte et tailler des tagliatelles avec un couteau économe.
Préparer la vinaigrette en mélangeant huile de noix, vinaigre, sel et poivre.
Disposer les pousses d'épinard sur chaque assiette. Déposer dessus les différents ingrédients et napper de sauce vinaigrette.
Servir frais.

4 PERSONNES

PRÉPARATION

10 MIN

2,5 €

Méchouïa de thon

200 g de thon en conserve au naturel
1 grosse boîte de tomates pelées et concassées
1 grand bocal de poivrons rouges au naturel
2 c. à soupe d'huile d'olive
2 c. à café d'herbes de Provence
1 échalote hachée
Sel, poivre

Égoutter le thon, les tomates et les poivrons. Émincer les poivrons en lanières.
Mettre les ingrédients ainsi préparés dans un saladier. Ajouter l'huile d'olive, les herbes de Provence et l'échalote.
Saler, poivrer et mélanger. Réserver au frais avant de déguster.

Accompagner de tartines de pain grillé sur lesquelles vous aurez frotté une gousse d'ail !

4 PERSONNES

PRÉPARATION 15 MIN

1,5€

Taboulé de chou-fleur à la menthe

1 chou-fleur
1 concombre
1 botte de menthe
1 oignon nouveau émincé
Le jus de 1 citron
6 c. à café d'huile d'olive
Sel, poivre du moulin

Rincer le chou-fleur puis le séparer en bouquets. À l'aide d'un hachoir, râper le chou-fleur pour obtenir une grosse semoule. Peler le concombre, le couper en deux dans le sens de la longueur, l'épépiner puis le couper en cubes de 1 cm de côté. Effeuiller la menthe et la hacher. Dans un saladier, mélanger le chou-fleur, le concombre, l'oignon et la menthe, ajouter le jus de citron et l'huile d'olive. Saler et poivrer. Mélanger avant de servir.

4 PERSONNES

PRÉPARATION

10 MIN

CUISSON

15 MIN

1,5 €

Soupe de potiron au tofu

800 g de chair de potiron
1 branche de céleri
2 oignons
120 g de quinoa
320 g de tofu
Sel, poivre du moulin

Détailler le potiron et le céleri en petits cubes. Peler les oignons et les émincer. Dans une casserole, mettre les dés de légumes, les oignons émincés, recouvrir largement d'eau et ajouter le quinoa. Laisser cuire 15 minutes sur feu doux. Mixer. Détailler le tofu en petites tranches. Verser la soupe dans des assiettes creuses, répartir le tofu puis saler et poivrer.

Ajouter un peu de noix de muscade à la fin.

4 PERSONNES

PRÉPARATION 10 MIN

CUISSON 30 MIN

1 €

Velouté de fèves au lait de coco

600 g de fèves surgelées
1 oignon
1 c. à café d'huile d'olive
20 cl de lait de soja
50 ml de lait de coco
Sel, poivre du moulin

Remplacer les fèves par des petits pois.

Peler et émincer l'oignon.
Dans une casserole antiadhésive, mettre l'huile et faire dorer l'oignon. Ajouter les fèves et verser 50 cl d'eau froide. Couvrir et laisser cuire 25 minutes. Mixer.
Dans une casserole, faire chauffer le lait de soja et le lait de coco. Les incorporer au velouté. Verser dans 4 bols, saler et poivrer puis déguster bien chaud.

1 €

4 PERSONNES

PRÉPARATION 15 MIN

CUISSON 10 MIN

Tartelettes aux champignons

160 g de pâte à pizza
12 champignons de Paris
2 c. à café de thym frais
Des fleurs de thym
4 portions de crème de gruyère allégée
2 c. à café d'huile d'olive
Sel, poivre du moulin

Préchauffer le four à 210 °C (th. 7).
Étaler la pâte à pizza finement et découper 4 cercles d'environ 14 cm.
Les disposer sur une plaque antiadhésive recouverte d'une feuille de papier sulfurisé. Étaler une demi-portion de crème de gruyère sur chaque fond de tarte.
Rincer, essuyer et trancher les têtes des champignons en fines lamelles, les disposer en rosace sur le dessus. Badigeonner d'huile à l'aide d'un pinceau, saler et poivrer. Parsemer de thym et ajouter le reste de crème de gruyère coupée en petits dés.
Enfourner à four bien chaud pendant 10 minutes jusqu'à ce que les tartelettes se décollent de leur papier de cuisson. Décorer chaque tartelette de fleurs de thym.

Ajouter un peu de jambon coupé en lanières.
Dans ce cas, ne pas saler.

4 PERSONNES

PRÉPARATION

10 MIN

CUISSON

10 MIN

REPOS

10 MIN

3,5 €

Brochettes de poulet

au romarin

4 blancs de poulet (100 g chacun)
2 c. à soupe de romarin finement haché
2 gousses d'ail écrasées
2 c. à soupe de jus de citron
3 c. à café d'huile d'olive
2 c. à soupe de moutarde douce
2 c. à café de poivre noir
Sel

Placer les blancs de poulet entre deux épaisseurs de film alimentaire et les aplatir légèrement. Les détailler en morceaux puis les mettre dans un plat creux. Ajouter le romarin, l'huile, l'ail, le jus de citron, la moutarde, sel et poivre. Couvrir et laisser mariner 10 minutes. Répartir les morceaux sur 8 brochettes et les faire cuire sur un gril électrique 5 minutes sur chaque face.

On peut aussi cuire ces brochettes au barbecue, posées sur des braises chaudes.

2 PERSONNES

PRÉPARATION 15 MIN

REPOS 30 MIN

Salade épicée
aux haricots rouges

1 gousse d'ail hachée
1 c. à soupe de jus de citron
1 oignon rouge moyen, émincé
1 c. à soupe de persil haché
6 à 8 feuilles de laitue
1 grosse tomate
4 ou 5 feuilles de menthe fraîche
2 petits œufs durs
¼ de c. à café de purée de piment rouge
3 c. à café d'huile d'olive
180 g de haricots rouges, en conserve, égouttés
4 olives noires, dénoyautées
Sel, poivre

Dans un saladier, mélanger : ail, sel, poivre, purée de piment rouge, jus de citron, huile d'olive. Ajouter les haricots rouges égouttés, l'oignon doux, le persil haché et les olives noires coupées en tranches. Mélanger le tout. Couvrir et réserver au réfrigérateur pendant 30 minutes.
Tapisser 2 grands bols de feuilles de laitue. Mettre au centre, en dôme, la salade de haricots rouges puis décorer avec l'œuf coupé en rondelles, les quartiers de tomate et les feuilles de menthe ciselées.
Servir aussitôt.

Pour un repas complet, compléter cette salade d'une boîte de thon au naturel.

4 PERSONNES

PRÉPARATION

10 MIN

CUISSON

10 MIN

1,5 €

Salade thaïe au tofu

160 g de nouilles de riz épaisses (poids sec)
1 c. à café d'huile
200 g de tofu coupé en cubes
125 g de mini maïs
2 c. à soupe de sauce soja
60 ml de bouillon de volaille dégraissé ou de légumes (obtenu à partir d'un cube de bouillon)
3 c. à café de beurre de cacahuètes
1 oignon rouge coupé en fines rondelles
2 gousses d'ail écrasées
2 ou 3 c. à soupe de feuilles de coriandre ciselées

Mettre les nouilles dans un grand saladier qui supporte la chaleur. Couvrir d'eau bouillante et mettre de côté pendant 5 minutes. Égoutter. Pendant ce temps, faire chauffer un wok à forte température. Vaporiser d'huile. Ajouter la moitié du tofu. Mélanger dans le wok jusqu'à ce que le tofu soit bien doré puis le mettre dans un saladier. Procéder de même avec la seconde partie du tofu. Ajouter l'oignon et l'ail dans le wok, faire frire en remuant pendant 1 minute. Ajouter les maïs et mélanger jusqu'à ce qu'ils s'attendrissent. Mélanger la sauce soja, le bouillon et le beurre de cacahuètes dans un petit saladier. Ajouter dans le wok les pâtes et le tofu puis la sauce. Mélanger. Parsemer la coriandre puis servir.

Parsemer le tout de jeunes pousses de salade (80 g) juste avant de servir.

6 PERSONNES

PRÉPARATION

15 MIN

CUISSON

20 MIN

1€

Soufflé de petits-suisses *aux herbes*

3 petits œufs
6 petits-suisses à 0 % (360 g)
75 g de gruyère allégé, râpé
1 c. à café de margarine
2 c. à soupe de ciboulette ciselée
1 c. à soupe de cerfeuil ciselé
1 c. à soupe d'estragon ciselé
Sel, poivre du moulin

Incorporer les blancs en neige délicatement en soulevant la masse à l'aide d'une spatule pour ne pas qu'ils retombent.

Préchauffer le four à 180 °C (th. 6).
Séparer les jaunes des blancs d'œufs.
Mélanger les petits-suisses avec les jaunes d'œufs. Saler et poivrer, incorporer les herbes ciselées puis le gruyère râpé.
Monter les blancs en neige avec une pincée de sel. Ajouter un tiers des blancs en neige à la préparation en remuant bien puis incorporer le reste.
Enduire de margarine 6 petits moules à soufflé individuels d'une contenance de 15 cl.
Y répartir la préparation aux trois quarts et faire cuire 20 minutes sans ouvrir la porte du four. Servir de suite.

4 PERSONNES

PRÉPARATION

10 MIN

CUISSON

30 MIN

1 €

Petits flans d'aubergine

1 grosse aubergine
2 petits œufs
2 c. à café de margarine à 60 %
80 g de lait concentré non sucré à 4 % (75 ml)
6 c. à soupe de coulis de tomates cuisiné (120 g)
2 gouttes de Tabasco®
1 c. à café d'huile d'olive
Sel, poivre du moulin

À servir en entrée ou pour accompagner un poisson.

Préchauffer le four à 200 °C (th. 6-7).
Peler et couper l'aubergine en petits cubes, les faire cuire à couvert avec 1 cuillère à café d'eau au four à micro-ondes (800 W) pendant 2 minutes. Les égoutter puis les faire revenir dans une poêle antiadhésive avec l'huile d'olive pendant 5 minutes. Saler et poivrer puis laisser refroidir.
Battre les œufs avec le lait concentré et le coulis de tomates. Ajouter les cubes d'aubergine et le Tabasco. Bien mélanger.
Enduire de margarine 4 petits ramequins individuels et y répartir la préparation.
Enfourner dans un bain-marie pendant 25 minutes.

1,5 €

4 PERSONNES

PRÉPARATION 20 MIN

CUISSON 40 MIN

Tian au chèvre

2 courgettes
1 aubergine
2 tomates
1 oignon
2 brins de basilic
120 g de chèvre frais allégé
2 c. à soupe de parmesan râpé
4 c. à café d'huile d'olive
5 brins de thym
Sel, poivre

Préchauffer le four à 200 °C (th. 6-7).
Laver les légumes, les couper en fines rondelles. Peler l'oignon, l'émincer et le faire dorer dans 2 cuillères à café d'huile d'olive sur une feuille de cuisson* sur feu vif.
Ensuite, dans la même poêle, poêler les rondelles de courgette et d'aubergine avec la moitié du thym effeuillé sur feu moyen et en remuant régulièrement.
Dans un plat à gratin, mettre les rondelles de légumes en les intercalant.
Saler, poivrer, déposer le fromage de chèvre après l'avoir écrasé à la fourchette, saupoudrer de parmesan et de thym effeuillé. Cuire 20 à 25 minutes au four.
Saupoudrer de basilic juste avant de servir.

La peau de l'aubergine étant assez épaisse, il est parfois préférable de l'éplucher.

** Feuille de Téflon alimentaire qui permet de cuisiner sans ajouter de matières grasses.*

4 PERSONNES

PRÉPARATION 15 MIN

CUISSON 9 MIN

1€

1 œuf
150 g de céleri-rave
400 g de pommes de terre
1 c. à soupe de persil ciselé
4 feuilles de laitue
60 g de tomme de montagne maigre
1 c. à café de farine
¼ de c. à café de muscade en poudre
3 c. à café d'huile d'olive
Sel, poivre

Galette croustillante

Peler le céleri-rave. Éplucher et rincer les pommes de terre, les sécher. Les râper avec une grille à gros trous. Écroûter la tomme, la râper.

Dans un saladier, battre l'œuf, ajouter les râpés de pomme de terre et de céleri-rave puis le persil. Saler, poivrer, saupoudrer de farine et de muscade, bien mélanger.

Faire chauffer 2 cuillerées à café d'huile dans une poêle antiadhésive de 24 cm de diamètre, y étaler le mélange pomme de terre/céleri-rave. Bien tasser. Cuire 5 minutes à feu moyen.

Retourner sur une assiette. Ajouter la cuillerée à café d'huile restante dans la poêle et faire glisser la galette, face non cuite sur le fond de la poêle.

Parsemer de fromage. Poursuivre la cuisson 4 minutes.

Servir la galette bien chaude coupée en 4 parts sur des feuilles de laitue.

Mettre un couvercle en fin de cuisson pour faire fondre le fromage.

4 PERSONNES

PRÉPARATION

10 MIN

CUISSON

20 MIN

2,5 €

Pâtes épicées aux poivrons rouges

200 g de cresson coupé grossièrement
4 poivrons rouges
2 gousses d'ail écrasées
1 ou 2 piments rouges
250 g de pâtes aux 3 couleurs (fusilli par exemple)
1 c. à soupe de pignons grillés
2 c. à soupe de vinaigre balsamique
100 g de feta allégée, émiettée

Faire cuire les pâtes al dente, selon les indications données par le fabricant. Préchauffer le gril du four. Faire griller les poivrons rouges, peau face au gril, jusqu'à ce qu'ils noircissent. Les peler. Les placer ensuite dans un mixeur avec l'ail, le vinaigre et le piment ainsi que quelques cuillerées d'eau et mixer jusqu'à obtenir une purée.
Égoutter les pâtes, les passer à la poêle avec le cresson, la feta et les pignons. Mélanger et servir aussitôt avec la sauce.

Une fois grillés, enfermer les poivrons dans un sac plastique quelques instants afin de pouvoir les peler sans se brûler.

4 PERSONNES

PRÉPARATION

10 MIN

2 €

Salade de pâtes
sauce chili

Des nouilles, cuites
200 g de haricots verts (en conserve), coupés
1 concombre, divisé en deux puis épépiné et coupé en fines tranches
2 échalotes émincées
2 c. à soupe de jus de citron
Coriandre fraîche ciselée
6 cl de sauce chili
2 c.à café de sauce soja

Verser les nouilles dans un saladier, ajouter les haricots verts puis le concombre, les échalotes et la coriandre. Mélanger doucement. Mélanger la sauce chili avec le jus de citron et la sauce soja dans un bol. Verser ce mélange sur les pâtes et mélanger.

Ce plat peut être préparé la veille et conservé hermétiquement dans 2 récipients différents au frais. Verser la sauce au dernier moment.

4 PERSONNES

PRÉPARATION 10 MIN

CUISSON 6 MIN

1,5 €

Galettes de tofu aux herbes

360 g de tofu
1 petit œuf
30 g de gruyère allégé, râpé
2 c. à café de margarine
30 g de pain de mie
5 brins de persil
2 brins de basilic
5 brins de ciboulette
Sel, poivre

Hacher le tofu. Le verser dans un saladier. Ajouter l'œuf et le gruyère râpé.
Émietter le pain dans le saladier. Mélanger et réserver. Laver les herbes, les sécher dans du papier absorbant.
Les hacher finement. Les incorporer au mélange précédent. Saler et poivrer.
Diviser le mélange en 8 parts égales. Former des boulettes de la taille d'une clémentine, puis les aplatir avec le plat de la main.
Faire chauffer la margarine dans une large poêle antiadhésive. Déposer les galettes et les faire dorer 3 minutes sur chaque face en les retournant avec précaution.
Servir bien chaud.

Présenter les galettes accompagnées de tomates à la provençale ou de ratatouille.

4 PERSONNES

PRÉPARATION

10 MIN

CUISSON

12 MIN

1€

Tomates en feuilleté

8 tomates en grappe
2 feuilles de brick
4 c. à café de parmesan
2 c. à soupe d'huile d'olive
½ c. à café de cumin
½ c. à café de curry
½ c. à café de cannelle
Sel, poivre

Afin de retirer la peau des tomates plus facilement, les ébouillanter quelques secondes.

Préchauffer le four à 240 °C (th. 8).
Peler les tomates et les découper en dés.
Verser 1 cuillerée à soupe d'huile dans une poêle et faire revenir les tomates avec les épices pendant 8 minutes.
Pendant ce temps, découper des cercles dans les feuilles de brick et les déposer dans des ramequins ou des moules à tartelette individuels. Badigeonner chacun avec un peu d'eau puis d'huile d'olive et les faire dorer au four pendant 4 minutes.
Remplir chaque fond avec la préparation aux tomates tiédie et saupoudrer de parmesan.

2 PERSONNES

PRÉPARATION

20 MIN

CUISSON

1 H

2,5 €

Piperade basquaise

200 g de tomates
100 g de poivrons rouges et verts
200 g de courgettes
60 g d'aubergines
1 oignon moyen
½ feuille de laurier
Thym
4 petits œufs
Piment de Cayenne en poudre
Persil finement ciselé
Sel, poivre

Laver, éplucher et découper les légumes en morceaux réguliers.
Faire fondre l'oignon 2 à 3 minutes dans une poêle antiadhésive.
Faire étuver tous les légumes sur feu doux après les avoir salés (prolonger la cuisson pendant 40 minutes).
Une quinzaine de minutes avant le service, brouiller les œufs et les incorporer à la ratatouille (la consistance doit être celle d'une mayonnaise épaisse).
Disposer dans un plat de service. Décorer de persil et de thym et servir aussitôt.

Pour un repas complet, accompagner de riz.

4 PERSONNES

PRÉPARATION 40 MIN

REPOS 1 H

CUISSON 1 H

4 €

Gratin d'aubergines, tomates, mozzarella

450 g de blancs de dinde hachés
650 g d'aubergines
1 oignon
2 gousses d'ail
1 c. à soupe de persil
5 c. à soupe de basilic haché
Cerfeuil
125 g de mozzarella allégée
400 g de tomates pelées en boîte
2 c. à soupe d'huile d'olive
200 ml de vin rouge
140 g de macaronis
Sel, poivre

Peler les aubergines, les couper en deux dans le sens de la longueur puis en fines rondelles. Les saupoudrer de sel et les laisser dégorger dans une passoire pendant 1 heure puis les rincer et les sécher avec du papier absorbant.
Préchauffer le four à 200 °C (th. 6-7).
Faire chauffer la moitié de l'huile d'olive dans une sauteuse pour y faire revenir les aubergines pendant 10 minutes environ.
Les déposer sur du papier absorbant pour qu'elles s'égouttent. Ajouter le reste d'huile dans la poêle et faire revenir la dinde hachée jusqu'à ce qu'elle soit cuite. Assaisonner avec du sel et du poivre.
Ajouter l'oignon et l'ail pelés et hachés, les tomates et le mélange d'herbes. Verser le vin, porter à ébullition. Goûter et rectifier l'assaisonnement si nécessaire. Baisser le feu et laisser réduire 15 minutes. Pendant ce temps, faire cuire les macaronis puis les égoutter.
Garnir le fond d'un plat à gratin avec une couche de préparation à la tomate. Recouvrir avec la moitié des aubergines, des pâtes et du basilic.
Ajouter la mozzarella coupée en tranches. Renouveler l'opération en terminant par les aubergines. Faire cuire 30 minutes à four chaud. Servir dans le plat de cuisson.

Accompagner d'une salade de mesclun.

4 PERSONNES

PRÉPARATION

10 MIN

CUISSON

8 MIN

1€

Brocoli sauce roquefort

1 brocoli
1 c. à soupe de ciboulette ciselée
15 cl de lait écrémé
60 g de roquefort
1 c. à soupe de fécule de pomme de terre
Sel, poivre du moulin

Détacher les fleurettes du brocoli, les rincer et les mettre dans le panier d'un autocuiseur avec un grand verre d'eau salée. Fermer hermétiquement et laisser cuire 4 minutes à partir de la mise en rotation de la soupape. Égoutter et réserver.
Délayer la fécule dans 3 cuillerées à soupe d'eau froide.
Dans une petite casserole, faire chauffer le lait, y ajouter la fécule et faire épaissir sur feu doux 2 minutes. Couper le roquefort en petits morceaux et les ajouter au lait.
Faire fondre le fromage à feu doux pendant 1 petite minute, tout en remuant.
Répartir les bouquets de brocoli sur des assiettes de service, les napper de sauce au roquefort, parsemer de ciboulette et donner un tour de moulin à poivre.

Gratin provençal
au thym

600 g de courgettes
½ l de lait écrémé
4 œufs
1 brin de thym
1 c. à café de margarine végétale

Concassé de tomates
500 g de tomates
1 c. à café de sucre
2 échalotes
2 gousses d'ail
3 brins de thym
Sel, poivre

4 PERSONNES

PRÉPARATION 40 MIN

CUISSON 1 H

Rincer puis couper les courgettes en rondelles. Les cuire 3 minutes dans de l'eau bouillante, les égoutter puis les réserver sur du papier absorbant.
Enlever la peau des tomates après les avoir plongées dans de l'eau bouillante, les couper en deux, les presser légèrement pour éliminer les pépins, les couper grossièrement en cubes. Les faire cuire dans une sauteuse avec sucre, sel, poivre, les échalotes hachées, l'ail pilé et le thym pendant 15 minutes, sur feu doux. Préchauffer le four à 210 °C. Dans un saladier, mélanger, lait, œufs, sel et poivre puis réserver. Margariner le fond d'un plat à four, verser la concassée de tomates, disposer dessus les rondelles de courgette, le thym puis verser le mélange œufs et lait. Couvrir et enfourner 30 minutes.

10 PERSONNES

PRÉPARATION 20 MIN

CUISSON 25 MIN

2,5 €

Tarte fine aux tomates fraîches, *fromage frais & ciboulette*

- 2 c. à café de matières grasses à 25 %
- 4 feuilles de brick de 15 g
- 4 grosses tomates
- 4 c. à café d'huile d'olive
- 1 botte de ciboulette
- 20 cl de crème liquide à 4 ou à 5 %
- 2 fromages frais type demi-sel à 0 %
- Sel et poivre

Préchauffer le four à 180 °C. Faire fondre 2 cuillerées à café de matières grasses. Étaler les feuilles de brick sur un plan de travail et les enduire de matières grasses à l'aide d'un pinceau. Superposer les 4 feuilles de brick dans un moule à tarte antiadhésif de 30 cm de diamètre. Placer un moule vide à l'intérieur et enfourner 10 minutes.

Pendant ce temps, laver et sécher les tomates puis les couper en rondelles. Faire chauffer l'huile d'olive dans une poêle antiadhésive, y faire revenir les rondelles de tomate pendant 5 minutes à feu doux. Garnir la tarte de cette préparation. Laver, sécher et hacher la ciboulette.

Préparer la sauce : faire bouillir la crème puis ajouter le fromage demi-sel coupé en morceaux. Remuer constamment à l'aide d'un fouet afin d'obtenir une sauce onctueuse. Napper la tarte fine de sauce, saupoudrer de ciboulette ciselée et servir aussitôt.

4 PERSONNES

PRÉPARATION

30 MIN

CUISSON

30 MIN

2€

Tajine de potiron

1 kg de potiron (700 g pelé)
2 coings
3 pommes de terre (300 g)
1 gros oignon
1 c. à café d'huile d'olive
1 pincée de muscade moulue
1 pincée de cannelle en poudre
1 pincée de cumin en poudre
2 clous de girofle
1 c. à soupe de miel
2 c. à soupe de raisins secs
Sel, poivre

Éplucher le potiron, les coings et les pommes de terre. Les couper en cubes.
Dans une cocotte antiadhésive (ou, mieux, un plat à tajine), faire revenir l'oignon émincé dans l'huile. Ajouter toutes les épices ainsi que le miel et un verre d'eau. Laisser mijoter un instant puis ajouter tous les légumes. Saler et poivrer. Laisser cuire 30 minutes.
Ajouter les raisins secs juste avant de servir.

Remplacer les pommes de terre par des patates douces.
Ce plat peut compléter du poisson, du boulghour ou du quinoa.

4 PERSONNES

PRÉPARATION

30 MIN

CUISSON

25 MIN

2€

Paella de légumes

50 g de champignons de Paris
100 g de poivron rouge
150 g de brocoli
100 g de dés de tomate
4 fonds d'artichaut
1 l de bouillon de volaille
2 c. à café d'huile d'olive
210 g de riz rond
100 g de petits pois surgelés
Sel et poivre

Ne pas hésiter à rajouter du bouillon au cours de la cuisson du riz si nécessaire.

Couper les fonds d'artichaut en quatre, détailler les champignons en lamelles, le poivron en lanières et le brocoli en petites fleurettes. Porter le bouillon de volaille à ébullition. Faire chauffer 1 cuillère à café d'huile dans une sauteuse antiadhésive, y faire revenir les légumes coupés 5 minutes, tout en mélangeant. Réserver.
Faire chauffer à nouveau 1 cuillère à café d'huile dans la sauteuse, y faire revenir le riz, verser un peu de bouillon de volaille chaud, faire cuire à feu moyen tout en mélangeant jusqu'à ce que le riz devienne translucide.
Ajouter les dés de tomate, les légumes réservés, les petits pois surgelés et mouiller avec le reste de bouillon.
Poursuivre la cuisson à feu doux jusqu'à ce que le riz ait absorbé le liquide. Poivrer et rectifier l'assaisonnement en sel.

4 PERSONNES

PRÉPARATION 20 MIN

CUISSON 10 MIN

3 €

Haddock poché
sauce au thym citronné

400 g de filets de haddock
½ l de lait écrémé
8 c. à café de beurre
½ poivron rouge
½ poivron vert
2 brins de thym citronné
2 brins d'aneth
Sel, poivre

Couper les filets de haddock en tronçons d'environ 1,5 cm de large. Les faire pocher 5 minutes dans le lait avec le thym citronné. Prélever le haddock, le réserver au chaud.
Porter le lait à ébullition, incorporer le beurre coupé en petits dés sans cesser de remuer. Saler, poivrer, réserver dans un bain-marie.
Couper les 2 extrémités des poivrons, enlever les graines, les couper en quatre dans le sens de la longueur, les éplucher à l'aide d'un couteau économe, les émincer en petits bâtonnets puis les cuire 4 minutes à l'eau bouillante. Égoutter.
Dresser les tronçons de haddock sur un plat de service, napper de lait au thym citronné, parsemer de poivrons et d'aneth.

Accompagner de petites pousses d'épinard sautées à cru puis ajoutées à la préparation.

4 PERSONNES

PRÉPARATION

15 MIN

CUISSON

15 MIN

3,5 €

Saumon aux amandes

4 pavés de saumon (120 g chacun)
2 c. à café de margarine
20 g d'amandes effilées
40 g de crème fraîche à 4 %
Sel, poivre

Faire cuire doucement les pavés de saumon dans une poêle antiadhésive puis les réserver au chaud. Essuyer la poêle, faire fondre la margarine et faire dorer les amandes effilées quelques instants.
Ajouter la crème, saler et poivrer.
Déposer le poisson, faire réduire 5 minutes.
Présenter dans un plat de service.

Les amandes peuvent être remplacées par des graines de sésame. Accompagner de pâtes.

Spaghettis aux crevettes

6 tomates bien mûres
1 gousse d'ail
Basilic frais déshydraté
270 g de spaghettis crus
360 g de crevettes décortiquées, fraîches, en conserve ou surgelées
Sel, poivre

Faire une petite entaille sur les tomates à l'aide d'un couteau. Ébouillanter les tomates pendant 2 minutes et les plonger dans l'eau froide. Les éplucher. Les couper en morceaux et les épépiner. Les mettre à cuire 5 minutes dans une poêle antiadhésive avec l'ail séché et le basilic.
Saler légèrement et poivrer.
Ajouter les crevettes pour les réchauffer pendant 5 minutes. Faites cuire les pâtes en suivant les indications figurant sur le paquet.
Bien mélanger les pâtes avec les tomates et les crevettes. Servir bien chaud.

4 PERSONNES

PRÉPARATION 10 MIN

CUISSON 20 MIN

3,5 €

4 PERSONNES

PRÉPARATION 25 MIN

CUISSON 38 MIN

3 €

Koulibiak

1 pavé de saumon frais avec la peau (200 g)
1 c. à soupe de jus de citron
150 g de champignons de Paris
1 c. à café de margarine à 60 %
250 g d'oseille surgelée
60 g de fromage de chèvre frais
2 pommes de terre allongées (200 g)
190 g de pâte à pizza de forme rectangulaire
1 c. à soupe d'estragon ciselé
2 c. à soupe de crème à 5 %
1 œuf
Sel, poivre

Faire chauffer une poêle antiadhésive, y déposer le pavé de saumon côté peau en dessous. Saler et poivrer. Cuire 8 minutes, à feu doux. Couvrir en fin de cuisson. Enlever la peau et effeuiller la chair. La citronner.
Préchauffer le four à 20 °C.
Nettoyer les champignons, couper les têtes en lamelles. Faire chauffer la margarine dans la poêle, y faire saisir les champignons 3 minutes, saler et poivrer. Mettre l'oseille dans un plat en verre culinaire avec 1 cuillerée à soupe d'eau, couvrir et cuire 4 minutes au four à micro-ondes (800 W). Égoutter puis la mélanger au fromage frais.
Peler les pommes de terre, les couper en fines rondelles et les rincer. Les mettre dans un plat en verre culinaire avec 1 cuillerée à soupe d'eau, saler, couvrir et cuire 3 minutes au four à micro-ondes (800 W). Égoutter.
Étaler une bande de pâte à pizza de 32 x 22 cm, la couper en deux, de façon à former 2 rectangles de 16 x 22 cm. Sur une plaque allant au four, disposer un rectangle de pâte sur une feuille de cuisson. Y déposer la gariture en laissant les bords libres sur 2 cm : pour cela, étaler les rondelles de pomme de terre puis la préparation à l'oseille, recouvrir de saumon, parsemer d'estragon, asperger de crème, saler et poivrer puis terminer par les champignons. Recouvrir du second rectangle de pâte, pincer les bords avec les doigts pour contenir la garniture, les souder avec le blanc d'œuf battu. Avec la pointe du couteau, dessiner des croisillons sur le dessus. À l'aide d'un pinceau, badigeonner de jaune d'œuf. Enfourner pendant 20 minutes. Servir chaud ou froid.

4 PERSONNES

PRÉPARATION 10 MIN

CUISSON 20 MIN

3 €

Aumônières de saumon aux légumes

240 g de filets de saumon
4 feuilles de brick
120 g de mozzarella allégée
500 g de courgettes
1 tomate épépinée, coupée en dés
Persil
2 c. à café d'huile d'olive
2 cubes de bouillon de volaille
200 g de riz cuit
Sel, poivre

Préchauffer le four à 220 °C (th. 7).
Laver les courgettes et les couper en dés. Verser 1 cuillère à café d'huile dans une poêle et faire revenir les courgettes pendant 5 minutes puis ajouter les dés de tomate et le saumon détaillé en morceaux. Émietter les cubes de bouillon et faire cuire l'ensemble 5 minutes. Saler, poivrer et ajouter le persil.
Humecter les feuilles de brick, déposer au centre un peu de riz puis un peu de préparation au saumon puis la mozzarella. Fermer les aumonières. Les placer dans un plat à four et vaporiser un peu d'huile. Enfourner 15 minutes.

Fermer les aumônières avec de la ficelle de cuisine ou un brin de ciboulette.

4 PERSONNES

PRÉPARATION

20 MIN

CUISSON

8 MIN

3 €

Papillotes de julienne aux agrumes

4 pavés de julienne (120 g chacun)
2 tomates
1 oignon
2 échalotes
1 pamplemousse rose
1 orange
4 feuilles d'estragon
12,5 cl de vin blanc sec
4 c. à café d'huile d'olive
Sel, poivre

Préchauffer le four à 210 °C (th. 7).
Peler et couper les tomates en rondelles. Éplucher et émincer l'oignon et les échalotes. Peler le pamplemousse et l'orange à vif. Prélever les quartiers, enlever la membrane blanche et récupérer le jus.
Découper 4 grandes feuilles de papier d'aluminium épais spécial papillote et disposer au centre de chacune d'elles : 3 rondelles de tomate, un peu d'oignon et d'échalote, une feuille d'estragon et un morceau de julienne. Recouvrir d'agrumes.
Relever les bords des papillotes, répartir le vin blanc et le jus d'agrumes réservé. Saler, poivrer et arroser d'une cuillère à café d'huile d'olive. Refermer hermétiquement. Enfourner 8 minutes. Servir les papillotes entrouvertes.

Accompagner de riz blanc ou créole. Remplacer la julienne par de la perche du Nil.

4 PERSONNES

PRÉPARATION 15 MIN

CUISSON 15 MIN

1 €

Queues de crevettes au citron confit

360 g de queues de crevettes crues, décortiquées, surgelées (36 pièces)
2 gousses d'ail
1 oignon rouge
4 c. à soupe de coriandre ciselée
8 c. à soupe de jus de citron
1 citron confit au sel
1 c. à café de curcuma
4 c. à café d'huile d'olive
Poivre du moulin

Préchauffer le four à 210 °C (th. 7). Peler et hacher les gousses d'ail et l'oignon. Rincer le citron confit, le couper en 4 quartiers.
Répartir les queues de crevettes encore surgelées au centre de 4 carrés de papier sulfurisé, ajouter un quartier de citron confit. Saupoudrer de curcuma, parsemer d'ail et d'oignon hachés puis de coriandre. Arroser d'huile d'olive et de jus de citron. Donner un tour de moulin à poivre. Couvrir avec une autre feuille de papier sulfurisé et plier les bords pour que les papillotes soient hermétiques. Enfourner sur la grille du four pendant 15 minutes. Servir dans des assiettes après avoir ouvert les papillotes.

Accompagner de riz nature.

4 €

4 PERSONNES

PRÉPARATION 15 MIN

CUISSON 25 MIN

Osso-buco au fenouil

1 oignon
4 tomates
6 petits bulbes de fenouil
2 c. à café d'huile d'olive
4 tranches de jarret de veau avec os (600 g)
1 c. à café de fond de veau
12 cl de vin blanc sec
2 gousses d'ail
6 grains de coriandre
1 bouquet garni
Sel, poivre

Peler et émincer l'oignon. Ébouillanter les tomates, les peler et les couper en dés. Enlever les parties dures des fenouils puis les couper en deux. Faire chauffer l'huile dans un autocuiseur. Y faire dorer la viande 2 minutes. Saupoudrer de fond de veau. Ajouter l'oignon, cuire 1 minute de plus.
Mouiller avec le vin blanc, tout en remuant. Ajouter 10 centilitres d'eau, les dés de tomate et l'ail écrasé. Cuire 2 minutes. Poivrer, ajouter les grains de coriandre et le bouquet garni.
Incorporer les morceaux de fenouil. Fermer hermétiquement et cuire 20 minutes à feu doux à partir de la mise en rotation de la soupape. Verser la préparation dans un plat creux, rectifier l'assaisonnement en sel, enlever le bouquet garni puis servir.

Accompagner de riz blanc.

3,5€

2 PERSONNES

PRÉPARATION 15 MIN

CUISSON 5 MIN

Kebab d'agneau

300 g de gigot d'agneau
2 c. à soupe de jus de citron vert
1 petit piment oiseau (sans les graines et finement émincé)
2 gousses d'ail finement émincées
1 petit oignon blanc finement émincé
2 c. à soupe de coriandre fraîche
Quelques feuilles de laitue pour la présentation
2 c. à soupe de sauce poisson
1 c. à soupe de vinaigre blanc
Un peu de matière grasse en spray (½ c. à café)

Mélanger la sauce poisson, le jus de citron vert, le vinaigre, le piment oiseau et la moitié de l'ail dans un saladier. Couper la viande en morceaux puis la hacher.
Placer la viande, l'oignon, l'ail restant et la coriandre dans le bol d'un mixeur. Mixer jusqu'à obtenir un mélange homogène.
Diviser le mélange en 12 portions et rouler chacune entre vos paumes afin d'obtenir 12 boulettes. Les piquer sur des petites brochettes.
Préchauffer le gril, vaporiser un peu de matière grasse sur les brochettes et les mettre à cuire 3 minutes de chaque côté jusqu'à ce qu'elles soient dorées et cuites. Placer des feuilles de laitue et la sauce sur votre assiette de présentation. Servir chaud.

Servir avec une salade : tomates, laitue iceberg, oignons.

4 PERSONNES

PRÉPARATION 15 MIN

CUISSON 15 MIN

3,5 €

Papillote d'agneau

4 tranches de gigot d'agneau (120 g chacune)
2 gousses d'ail
1 grosse tomate
1 c. à soupe de basilic ciselé + 4 feuilles
60 g de feta allégée
1 c. à café d'huile d'olive
Sel, poivre

Préchauffer le four à 210 °C (th. 7).
Peler et hacher les gousses d'ail. Peler la tomate, couper 4 tranches dans la partie la plus large. Saler et poivrer les tranches de gigot.
Avec un pinceau, huiler 4 carrés de papier d'aluminium.
Au centre de chacun, disposer une tranche de tomate, parsemer d'ail, de basilic et de feta émiettée, saler et poivrer. Ajouter une tranche de gigot et disposer une feuille de basilic par-dessus.
Refermer hermétiquement chaque papillote et enfourner pendant 15 minutes.
Laisser reposer 5 minutes dans le four éteint avant de les entrouvrir.

Servir avec des haricots verts sautés avec ½ c. à café d'ail haché.

PRADEL

3,5 €

4 PERSONNES

PRÉPARATION
10 MIN

CUISSON
15 MIN

Côte de veau en papillote

4 côtes de veau (150 g chacune)
Persil
20 g de beurre
8 filets d'anchois à l'huile
Sel, poivre

Préchauffer le four à 220 °C (th. 7-8).
Laver et hacher le persil. L'incorporer au beurre ramolli à la fourchette.
Piler les anchois ou les écraser à la fourchette. Mélanger au beurre de persil.
Saler et poivrer.
Enduire chaque côte de veau de cette préparation puis les envelopper individuellement dans un carré de papier d'aluminium. Refermer chaque papillote hermétiquement. Faire cuire 15 minutes à four chaud.

Accompagner de purée et de légumes persillés.

4 PERSONNES

PRÉPARATION

20 MIN

CUISSON

35 MIN

3 €

Petits farcis en papillote

200 g de steak haché à 5 %
4 petites courgettes rondes
2 poivrons
2 gousses d'ail
150 g de pain rassis
40 cl de lait écrémé
Persil
Sel, poivre

Préchauffer le four à 180 °C (th. 6).
Couper le pain en morceaux. Les mettre dans un saladier avec le lait. Laisser imbiber.
Laver les courgettes et les poivrons. Découper un chapeau dans chaque courgette, creuser l'intérieur en enlevant les graines. Ouvrir les poivrons en deux, les épépiner. Peler l'ail et le hacher finement.
Ajouter la viande au pain trempé puis l'ail et le persil. Saler, poivrer la farce obtenue. Mélanger tous les ingrédients et en farcir les légumes.
Disposer chaque demi-courgette et demi-poivron dans un papier sulfurisé pour four. Refermer les papillotes et enfourner 35 minutes.

Préparées ainsi, les papillotes peuvent être réalisées à l'avance puis cuites ou réchauffées au micro-ondes.

3€

4 PERSONNES

PRÉPARATION 15 MIN

CUISSON 25 MIN

Flan de légumes au bacon

400 g de haricots verts
6 pommes de terre
4 carottes
4 courgettes
8 tranches de bacon (100 g)
4 petits œufs
2 verres de lait écrémé
Sel, poivre, muscade

Préchauffer le four à 210 °C (th. 7).
Dans un plat à four légèrement beurré, disposer les haricots verts préalablement ébouillantés et les pommes de terre crues, coupées en dés, sur une hauteur d'environ 2 cm.
Couper les courgettes en fins bâtonnets et les carottes en rubans. Les plonger dans une casserole d'eau bouillante salée. Après 2 minutes de cuisson, les égoutter et les mettre sur les légumes préalablement disposés dans un plat à four. Recouvrir avec les tranches de bacon.
Battre les œufs dans 2 verres de lait écrémé, du sel, du poivre et de la muscade puis verser la préparation sur les légumes.
Faire cuire à four chaud pendant 20 minutes. Déguster chaud, tiède ou froid.

Pour faire de jolis rubans de légumes, utiliser un couteau économe.

3,5 €

4 PERSONNES

PRÉPARATION 10 MIN

CUISSON 5 MIN

REPOS 1 H

Wok de bœuf roquette

500 g de filet de bœuf
200 g de roquette
2 c. à soupe de copeaux de parmesan (20 g)
2 c. à soupe d'huile d'olive
1 c. à soupe de vinaigre de vin
20 g de graines de sésame
Sel, poivre

Couper la viande en fines lamelles. Les laisser mariner 1 heure dans un plat avec l'huile, le vinaigre, du sel et du poivre.
Dans un wok, faire griller à sec les graines de sésame sur feu doux pendant 4 à 5 minutes puis les réserver dans un bol.
Laver et essorer la roquette.
Faire chauffer le wok sur feu vif, mettre la viande et sa marinade pendant 30 secondes, en remuant. Ajouter quelques feuilles de salade et poursuivre la cuisson 30 secondes.
Disposer dans des assiettes, parsemer de graines de sésame et de parmesan. Décorer avec les feuilles de roquette restantes.

Accompagner de petites pommes de terre vapeur.

4 PERSONNES

PRÉPARATION

5 MIN

CUISSON

5 MIN

2 €

Hachis indien

350 g de steak haché à 5 %
100 g d'oignons surgelés, hachés
100 g de poivrons surgelés, coupés en dés
2 petits-suisses à 0 %
2 c. à café d'épices à l'indienne (ou de curry)
1 cube de bouillon de volaille, dégraissé
Poivre

Faire fondre le cube de bouillon de volaille dans 25 cl d'eau bouillante. Y jeter les oignons, les poivrons et les épices. Cuire quelques minutes avant d'ajouter la viande hachée. Remuer et laisser mijoter 3 minutes. Hors du feu, lier avec les petits-suisses. Servir chaud.

Accompagner de légumes cuits sous vide (carottes, courgettes...).

4 PERSONNES

PRÉPARATION 10 MIN

CUISSON 17 MIN

Porc à la cannelle

4 tranches de rôti de porc dans le filet
20 cl de lait demi-écrémé
1 c. à café de cannelle en poudre
Sel, poivre

Préchauffer le four à 180 °C (th. 6).
Saler et poivrer les tranches de porc. Les faire dorer à sec dans une poêle antiadhésive, à feu moyen, 1 minute de chaque côté.
Les retirer de la poêle et les saupoudrer de cannelle.
Faire chauffer le lait. Mettre les tranches de porc dans un plat allant au four, arroser de lait et enfourner pendant 15 minutes.
Retourner à mi-cuisson.

Accompagner de carottes ou de pommes de terre en purée.

4 PERSONNES

PRÉPARATION

35 MIN

CUISSON

25 MIN

3€

Salade de roquette & mignon de porc

500 g de filet mignon de porc dégraissé
1 c. à café d'huile d'olive
325 g de poires au sirop léger
1,5 c. à soupe de vinaigre de vin rouge
80 g de jeunes pousses de roquette
1 petit oignon rouge coupé en fines lamelles (demi-rondelles)
Sel, poivre

Préchauffer le gril. Assaisonner la viande de porc avec le mélange huile, sel et poivre. Faire griller le filet de porc en le tournant de temps en temps pendant environ 20 à 25 minutes.
Le transférer sur une assiette, le couvrir d'une feuille d'aluminium pour qu'il reste chaud.
Égoutter les poires en prenant soin de réserver 60 ml de jus.
Couper les quartiers de poire en tranches (16 au total). Assaisonner chaque tranche avec du poivre. À l'aide d'un spray, vaporiser un peu d'huile. Les faire cuire 1 minute de chaque côté. Les transférer sur une assiette en les couvrant pour les garder au chaud.
Mélanger le vinaigre avec le jus de poire réservé.
Émincer le porc. Répartir la roquette entre les assiettes.
Disposer la viande sur le dessus, puis les tranches de poire et les lamelles d'oignon. Assaisonner selon ses goûts.

Faire cuire le filet mignon de porc au barbecue.
Accompagner de riz basmati.

3€

4 PERSONNES

PRÉPARATION
10 MIN

CUISSON
45 MIN

Filet de porc aux pruneaux

1 filet de porc sans barde (600 g)
100 g de pruneaux dénoyautés
1 brin de persil frais
2 c. à soupe d'échalotes surgelées
1 c. à café de persil haché surgelé
1 c. à café d'huile
1 boîte de pulpe de tomate (400 g)
1 c. à café d'herbes de Provence
500 g de pommes de terre entières cuites à la vapeur (sous vide)
Sel, poivre

Dans une cocotte antiadhésive (ou recouverte d'une feuille de cuisson*), faire revenir rapidement les échalotes encore surgelées avec l'huile, en remuant constamment.
Ajouter le filet de porc et le faire dorer de tous les côtés. Lorsqu'il est bien doré, ajouter la pulpe de tomate et les pruneaux coupés en deux. Saler, poivrer, ajouter les herbes de Provence, le persil et laisser cuire à feu doux 35 minutes, à couvert.
Rincer les pommes de terre à l'eau claire, les égoutter puis les verser dans la cocotte. Poursuivre la cuisson 5 minutes.
Dresser le filet dans un plat de service avec les pommes de terre, entouré de la préparation à base de tomates et de pruneaux. Décorer de brins de persil et servir aussitôt.

Pour aller plus vite, cuire en autocuiseur le rôti avec échalotes, tomates et pruneaux pendant 15 minutes.

** Feuille de Téflon alimentaire qui permet de cuisiner sans ajouter de matières grasses.*

4 PERSONNES

PRÉPARATION

10 MIN

CUISSON

10 MIN

2€

Mignonnettes de porc aux pruneaux

300 g de filet mignon de porc
4 c. à café de moutarde à l'ancienne au vin blanc
½ c. à café de curry
12 pruneaux dénoyautés
2 carottes
20 c. à café de crème fraîche à 8 %
Sel, poivre

Préchauffer le four à 180 °C (th. 6).
Couper le filet mignon en 8 petites noisettes. Les recouvrir de moutarde.
Peler et détailler les carottes en bâtonnets assez fins.
Préparer 4 feuilles de papier d'aluminium. Dans chacune, déposer quelques bâtonnets de carotte, 2 noisettes de porc et 3 pruneaux. Saler, poivrer, saupoudrer de curry et ajouter 5 cuillerées à café de crème fraîche.
Fermer les papillotes hermétiquement en forme d'aumônière puis enfourner pendant 10 minutes.

Servir avec des tagliatelles.

4 PERSONNES

PRÉPARATION

20 MIN

CUISSON

1 H 40

3 €

Irish stew

2 gousses d'ail
1 branche de thym
1 feuille de laurier
8 grosses pommes de terre
à chair ferme
320 g d'épaule d'agneau désossée
500 g d'oignons émincés
1 cube de bouillon de viande
Sel, poivre

Préchauffer le four à 200 °C. Hacher l'ail et émietter le thym et le laurier.
Éplucher les pommes de terre et réserver dans de l'eau froide. Couper la viande en huit ou en douze morceaux et les faire dorer doucement dans une poêle antiadhésive ou recouverte d'une feuille de cuisson pendant 5 minutes. Puis, sur feu plus vif, pendant 5 à 10 minutes.
Prendre une cocotte en fonte munie d'un couvercle et allant au four. Essuyer les pommes des terre. Puis les disposer en couches avec la viande et oignons. Répartir un peu d'ail, de thym et de laurier ainsi que du sel et du poivre entre les couches. Délayer le bouilllon dans un demi-litre d'eau chaude et verser dans la cocotte. Couvrir puis poser la cocotte sur feu vif et porter à ébullition avant de la glisser dans le four. Laisser mijoter 1 heure 30.
En fin de cuisson, enlever le couvercle, allumer le gril du four et faire dorer quelques minutes le dessus du plat avant de le servir très chaud directement dans la cocotte.

4 PERSONNES

PRÉPARATION 30 MIN

CUISSON 45 MIN

4 €

Lapin à la crème d'ail

4 râbles de lapin (désossés et ficelés de 120 g chacun)
½ poivron rouge
½ poivron jaune
½ poivron vert
2 petites courgettes
2 têtes d'ail
16 c. à café de crème fraîche liquide à 8 %
¼ de cube de bouillon de volaille dégraissé
1 c. à café de pastis
12 olives noires, dénoyautées
4 c. à café d'huile d'olive
Basilic
Thym
Sel, poivre

Éplucher les gousses d'ail. Les mettre dans une casserole d'eau froide. Porter à ébullition. Les rincer. Répéter l'opération une seconde fois. Les faire cuire ensuite avec le cube de bouillon, la crème et le thym pendant 20 minutes. Saler et poivrer.
Dans une sauteuse, verser 2 cuillères à café d'huile d'olive, faire revenir les râbles de lapin coupés en deux. Saler et poivrer.
Préchauffer le four à 180 °C (th. 6).
Peler les poivrons à l'économe. Les tailler en lanières après avoir enlevé les graines. Émincer les courgettes en larges lanières dans leur longueur.
Mixer les gousses d'ail cuites avec leur jus et le pastis.
Mettre ½ cuillère à café d'huile sur chaque feuille de papier sulfurisé.
Répartir un peu de légumes, un morceau de lapin et les olives. Napper de crème d'ail. Fermer les papillotes et faire cuire sur la lèchefrite pendant 35 minutes.
Glisser les papillotes sur des assiettes de service, les ouvrir et saupoudrer de basilic ciselé.

Accompagner de pâtes.

4 PERSONNES

PRÉPARATION

10 MIN

CUISSON

45 MIN

4 €

Lasagnes au poulet et brocolis

850 g d'escalopes de poulet
1 oignon
800 g de brocolis
8 plaques de lasagne
4 c. à café de Maïzena®
120 g de gruyère râpé allégé
200 ml de lait écrémé
Muscade
Sel, poivre

Préchauffer le four à 180 °C (th. 6).
Peler puis émincer l'oignon. Détailler les escalopes de poulet en fines lamelles.
Faire cuire les brocolis à la vapeur, 5 minutes.
Faire revenir l'oignon et le poulet sur une feuille de cuisson*. Bien laisser dorer puis ajouter les brocolis, saler et poivrer.
Préparer la béchamel. Pour cela, faire chauffer le lait dans une casserole. Prélever une tasse de lait tiédi pour y délayer la Maïzena® puis la reverser dans la casserole. Laisser chauffer en remuant régulièrement jusqu'à ce que la sauce épaississe puis réserver.
Dans un plat rectangulaire, déposer une couche de plaque de lasagne dans le fond du plat, verser la moitié de la préparation au poulet, un peu de gruyère puis recommencer l'opération en terminant par le reste de la préparation au poulet et le gruyère. Enfourner pendant 45 minutes.

Remplacer les escalopes de poulet par des escalopes de dinde.

* *Feuille de Téflon alimentaire qui permet de cuisiner sans ajouter de matières grasses.*

4 €

6 PERSONNES

PRÉPARATION 10 MIN

CUISSON 25 MIN

Wok de poulet au soja

6 blancs de poulet
2 carottes
1 courgette
1 poivron rouge
1 poivron jaune
4 brins de coriandre
250 g de germes de soja en bocal
2 c. à soupe d'huile d'olive
1 c. à soupe de vinaigre de xérès
1 c. à soupe de sauce soja
1 c. à soupe de graines de sésame
Sel, poivre

Détailler les blancs de poulet en cubes. Laver les légumes. Éplucher les carottes et les couper en bâtonnets ainsi que la courgette. Couper les poivrons en deux puis les émincer.
Rincer et égoutter les germes de soja. Ciseler la coriandre.
Faire chauffer l'huile dans un wok puis faire revenir les carottes et les poivrons 5 minutes sur feu vif. Ajouter le poulet, poursuivre la cuisson 10 minutes. Saler, poivrer. Incorporer la courgette, les germes de soja et la coriandre.
Prolonger la cuisson 5 minutes. Verser alors le vinaigre, la sauce soja et parsemer de graines de sésame. Maintenir la cuisson 5 minutes et servir aussitôt.

Utiliser des germes de soja frais.

4 PERSONNES

PRÉPARATION 15 MIN

CUISSON 30 MIN

3€

Quiche au poulet et à l'estragon

2 escalopes de poulet (300 g)
100 g de petits oignons blancs à soupe
1 bouquet d'estragon
2 œufs
2 c. à soupe de crème fraîche à 8 %
½ cube de bouillon de volaille dégraissé
80 g de lait concentré non sucré à 4 %
Sel, poivre

Préchauffer le four à 200 °C (th. 6-7).
Dans une casserole, faire fondre le cube de bouillon de volaille dans ½ litre d'eau.
Y jeter les escalopes de poulet, les oignons pelés et l'estragon.
Cuire environ 15 minutes.
Égoutter puis effilocher le poulet. Le disposer dans un plat à four avec les oignons et l'estragon.
Dans une terrine, battre les œufs dans le lait et la crème fraîche. Saler et poivrer.
Verser la préparation dans le plat. Passer 15 minutes au four.

Servir avec une salade verte.

4 PERSONNES

PRÉPARATION

15 MIN

CUISSON

5 MIN

2€

Émincé de chou aux dés de poulet grillé

400 g de chou blanc
2 escalopes de poulet (200 g)
1 c. à café de vinaigre de cidre
1 c. à soupe de moutarde
3 c. à café d'huile d'olive
100 g de fromage blanc à 0 %
1 c. à café de menthe surgelée
Sel, poivre du moulin

Pour une recette encore plus rapide, émincer le chou au robot.

Émincer le chou blanc finement.
Couper les escalopes de poulet en dés, les placer dans un bol et les enrober de moutarde.
Faire chauffer 1 cuillerée à café d'huile d'olive dans une poêle antiadhésive, y faire revenir les dés de poulet pendant 5 minutes, tout en les retournant régulièrement.
Dans un saladier, mélanger le fromage blanc avec 2 cuillerées à café d'huile d'olive et le vinaigre. Saler et poivrer.
Verser l'émincé de chou et mélanger.
Répartir dans 4 coupelles, ajouter quelques dés de poulet grillé et parsemer de menthe.

4 PERSONNES

PRÉPARATION

10 MIN

CUISSON

20 MIN

3,5 €

Poulet à l'ananas & à la coriandre

4 blancs de poulet (700 g)
1 boîte d'ananas au sirop léger (570 g)
1 pincée de piment
2 c. à café de coriandre en poudre
Sel & poivre du moulin

Pour rester dans le « sucré », accompagner de patates douces.

Préchauffer le four à 200 °C (th. 6-7).
Égoutter les tranches d'ananas et les mixer.
Ajouter la coriandre et le piment.
Fendre chaque blanc de poulet dans l'épaisseur mais sans aller jusqu'à les séparer.
Saler et poivrer puis les farcir avec une couche d'ananas aux épices.
Dans un plat à four, déposer les blancs de poulet côte à côte et verser le reste d'ananas aux épices. Enfourner 20 minutes.

4 PERSONNES

PRÉPARATION

20 MIN

CUISSON

15 MIN

2€

Tortillas au poulet

150 g de blancs de poulet
4 endives
3 c. à café d'huile d'olive
4 tortillas de blé souples
40 g de guacamole
Sel, poivre

Émincer les endives en julienne et les mettre dans une sauteuse avec 2 cuillères à café d'huile. Les laisser fondre sur feu moyen pendant 15 minutes, en remuant de temps en temps.
Détailler les blancs de poulet en lamelles et les faire sauter avec le reste d'huile pendant 6 minutes. Saler et poivrer.
Faire chauffer les tortillas au four à micro-ondes puis les tartiner avec le guacamole.
Répartir la fondue d'endives puis les lamelles de poulet et les rouler. Déguster aussitôt.

Guacamole maison : couper en cubes et mixer 1 avocat, 1 tomate évidée, 2 échalotes, 1 cuillère à soupe de citron vert, du sel et du poivre.

Sauté de dinde aux champignons des bois

4€

4 PERSONNES

PRÉPARATION 15 MIN

CUISSON 40 MIN

600 g de dinde sans os
1 gros oignon
1 gousse d'ail
400 g de champignons : girolles, trompettes-de-la-mort, cèpes
10 cl de vin blanc sec
1 cube de bouillon de volaille
1 bouquet garni
Sel, poivre

Déguster avec des pommes de terre vapeur ou des pâtes fraîches.

Couper la dinde en gros cubes, les faire dorer dans une poêle. Ensuite, les mettre dans une sauteuse munie d'une feuille de cuisson, sans ajouter de matières grasses.
Faire dorer l'oignon et l'ail émincés, les champignons coupés en gros morceaux puis les ajouter dans la sauteuse. Ajouter le vin blanc, le cube de bouillon de volaille, ½ verre d'eau, le bouquet garni, saler et poivrer selon votre goût.
Couvrir et laisser mijoter 40 minutes.
Vérifier l'assaisonnement et faire réduire la sauce, si nécessaire. Servir chaud.

4 PERSONNES

PRÉPARATION 20 MIN

REPOS 30 MIN

CUISSON 45 MIN

3 €

Rôti de dinde aux épices

1 rôti de dinde (800 g)
2 gousses d'ail
3 courgettes
2 oignons
1 c. à soupe de miel
1 c. à soupe de jus de citron
1 c. à soupe de cumin
1 c. à café de cannelle
50 cl de bouillon de poule dégraissé
1 boîte de pois chiches (265 g)
Sel, poivre

Peler les gousses d'ail et les piquer dans la viande.
Dans un bol, mélanger le miel, le jus de citron, le cumin, la cannelle, du sel et du poivre.
Disposer la viande dans un plat à four puis la badigeonner sur toutes ses faces avec la préparation précédente. Laisser mariner pendant 30 minutes.
Préchauffer le four à 180 °C (th. 6).
Éplucher les courgettes et les oignons. Les détailler en morceaux puis les disposer autour de la viande. Verser le bouillon de poule sur les légumes et enfourner 45 minutes. À mi-cuisson, retourner la viande et remuer les légumes. Cinq minutes avant la fin de la cuisson, ajouter les pois chiches, égouttés et rincés. Découper la viande en tranches puis servir avec les légumes.

Agrémenter d'endives braisées.

6 PERSONNES

1€

PRÉPARATION 20 MIN

CUISSON 30 MIN

Cheesecake aux noix

- 100 g de farine
- 4 c. à soupe de sucre en poudre
- ½ paquet de levure chimique
- 6 c. à café d'huile
- 8 noix
- 160 g de brousse ou de cottage cheese
- ½ blanc d'œuf

Préchauffer le four à 225 °C (th. 7-8).
Décortiquer les noix et les concasser grossièrement.
Dans une terrine, mélanger la farine, le sucre et la levure. Ajouter l'huile, le fromage frais et le blanc d'œuf. Pétrir pour obtenir une boule molle.
Étaler cette pâte dans un petit plat en terre. Ajouter les brisures de noix sur le dessus. Enfourner pendant 30 minutes.

Utiliser une variété de fromage frais assez ferme comme la brousse de Provence ou le brocciu corse de brebis.

6 PERSONNES

PRÉPARATION

10 MIN

CUISSON

35 MIN

1,5

Clafoutis aux 2 agrumes

2 petits œufs
40 cl de lait écrémé
2 sachets de sucre vanillé
4 c. à soupe d'édulcorant de cuisson
40 g de farine
2 pamplemousses roses
2 oranges

Préchauffer le four à 210 °C (th. 7).
Mélanger les œufs, le sucre et l'édulcorant avec un batteur électrique. Ajouter la farine et le lait puis mélanger.
Dans un moule antiadhésif, répartir les quartiers de pamplemousse et d'orange.
Verser la pâte par-dessus.
Enfourner pendant 35 minutes.

Changer les fruits au gré des saisons.

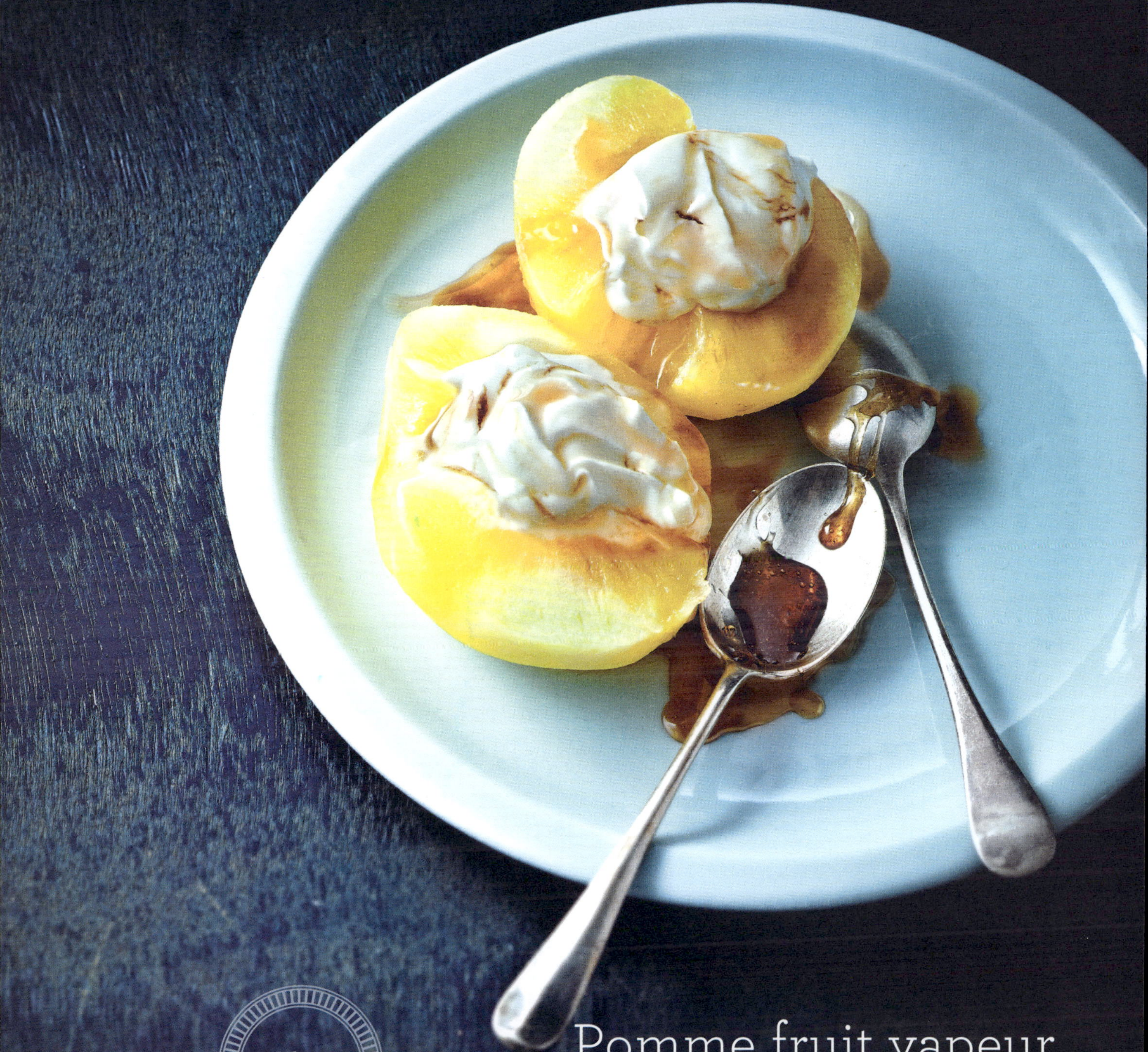

Pomme fruit vapeur

1€

1 PERSONNE

PRÉPARATION

5 MIN

CUISSON

2 MIN 30

- 1 pomme de 200 g
- 1 petit-suisse à 0 %
- 1 c. à café de miel

Peler la pomme à l'aide d'un vide-pomme, enlever le trognon. L'envelopper dans un film alimentaire étirable : bien serrer le film autour de la pomme, fermer hermétiquement en papillote.
La mettre sur le plateau en verre du four à micro-ondes et faire cuire 2 minutes et 30 secondes (800 W). Veiller à adapter le temps de cuisson en fonction du poids, du nombre de pommes ou de la puissance de l'appareil.
Laisser tiédir et enlever le film alimentaire. Mettre la pomme dans une coupelle, la couper en deux, ajouter le petit-suisse égoutté au centre et napper de miel. Servir avec une petite cuillère.

Choisir une pomme naturellement sucrée qui se cuit bien : jonagold, gala, golden…

Fromage blanc pomme-cannelle

2 PERSONNES

PRÉPARATION 5 MIN

CUISSON 3 MIN

REPOS 1 H

1 €

1 grosse pomme
2 pots de fromage blanc à 0 % à la vanille (100 g chacun)
½ c. à soupe de cannelle

Peler la pomme, ôter le trognon et la couper en quatre. Râper les morceaux avec une râpe à gros trous dans un récipient adapté au four à micro-ondes.
Ajouter la cannelle, mélanger et faire cuire à couvert 3 minutes (750 W). Laisser reposer 5 minutes.
Mettre le fromage blanc dans 2 coupelles puis y répartir la pomme cuite. Bien mélanger avant de mettre au réfrigérateur pendant 1 heure minimum.

Accompagner de tartines de pain complet légèrement toastées pour un petit déjeuner gourmand.

Compote de fruits de saison

4 PERSONNES

PRÉPARATION 10 MIN

CUISSON 6 MIN

1 €

500 g de fruits de saison
4 c. à soupe de miel d'acacia
20 cl d'eau
1 gousse de vanille fendue en deux et grattée

Peler les fruits et les couper en gros quartiers. Les disposer dans une cocotte en verre culinaire, verser le miel d'acacia, l'eau et disposer la gousse de vanille au centre. Couvrir et faire cuire au four à micro-ondes 6 à 10 minutes à 750 W en fonction des fruits choisis et de leur teneur en eau. Mélanger à mi-cuisson (En cuisson traditionnelle, faire cuire la compote 30 minutes dans un faitout sur feu moyen.). Mixer, laisser tiédir et réserver au réfrigérateur. Servir bien frais dans des coupelles.

Pommes, poires, pêches, décliner cette recette selon les fruits à disposition.

4 PERSONNES

PRÉPARATION

10 MIN

CUISSON

15 MIN

1 €

Banane en papillote

4 bananes bien fermes (400 g)
250 g de fraises
1 c. à café de jus de citron
2 c. à soupe de miel liquide
1 sachet de sucre vanillé

Préchauffer le four à 210 °C (th. 7).
Découper 4 rectangles de papier alimentaire. Y déposer les bananes pelées entières, arroser chacune d'une cuillerée à café de miel. Fermer les papillotes et enfourner à mi-hauteur pendant 15 minutes.
Pendant ce temps, préparer le coulis de fraises (réserver les 12 plus belles fraises pour la présentation). Les laver, les équeuter puis les passer au mixeur.
Ajouter la seconde cuillerée à soupe de miel, le jus de citron et le sachet de sucre vanillé.
À la sortie du four, ouvrir les papillotes en leur centre, verser un peu de coulis de fraises et déposer 2 fraises coupées, une de chaque côté de la banane.
Servir tiède avec le reste de coulis bien frais.

Pour les enfants, accompagner d'une boule de glace à la vanille.

4 PERSONNES

PRÉPARATION 20 MIN

CUISSON 10 MIN

DÉCONGÉLATION 12 MIN

1 €

Abricots à la cannelle

400 g d'oreillons d'abricots surgelés
2 c. à soupe de sucre
1 c. à café de cannelle
½ orange
4 c. à soupe de crème fraîche à 4 ou à 5 %

Mettre les oreillons d'abricots dans un récipient en verre culinaire, couvrir et les faire dégeler au four à micro-ondes, position décongélation, pendant 12 minutes.
Préchauffer le four à 210 °C (th. 7).
Mélanger le sucre et la cannelle. Presser le jus de l'orange. Étaler 4 feuilles de papier d'aluminium coupées au carré sur un plan de travail. Y répartir les abricots, les arroser de 1 cuillerée à soupe de jus d'orange et de 1 cuillerée à soupe de crème fraîche, saupoudrer de sucre à la cannelle.
Recouvrir de 4 carrés de papier d'aluminium et enrouler les bords pour refermer hermétiquement. Enfourner pendant 10 minutes, en retournant à mi-cuisson.
Attendre 5 minutes avant d'ouvrir les papillotes.

Accompagner d'une faisselle de fromage blanc ou, pour un dessert plus raffiné, d'une boule de glace à la pistache.

1 PERSONNE

PRÉPARATION 3 MIN

RÉFRIGÉRATION 30 MIN

Soupe kiwi-pomme

2 kiwis
1 pomme granny-smith
Le jus de 1 orange

Peler les kiwis et la pomme.
L'épépiner et la couper en morceaux.
Dans un blender, mixer les fruits avec le jus d'orange. Bien mixer jusqu'à obtenir une préparation bien onctueuse.
Verser dans un bol et déguster bien frais.

Ajouter une couche de mascarpone sucré fouetté, sur le dessus, et présenter en verrine.

Fraises au gingembre

500 g de fraises
80 g de gingembre frais
Le zeste de 1 citron non traité
4 c. à café de sucre en poudre

1,5

Éplucher le gingembre. Le couper en fins bâtonnets.
Les mettre au fur et à mesure dans un bol d'eau froide.
Porter 15 cl d'eau à ébullition avec le sucre en poudre et le zeste de citron.
Laisser frémir 3 minutes. Ajouter les bâtonnets de gingembre égouttés.
Cuire 12 minutes à petits frémissements. Retirer du feu et laisser refroidir.
Rincer et équeuter les fraises. Les couper en lamelles.
Les mettre dans un saladier. Retirer les bâtonnets de gingembre et verser le sirop sur les fraises. Réserver 2 heures au frais.

Déguster très frais.

4 PERSONNES

PRÉPARATION
20 MIN

CUISSON
15 MIN

REPOS
2 H

4 PERSONNES

PRÉPARATION 10 MIN

CUISSON 15 MIN

1,5 €

Poires au thé, yaourt vanillé

4 poires mûres et fermes
Le jus de 1 citron
4 yaourts à 0 % saveur vanille
4 sachets de thé aromatisé au caramel
4 c. à café d'édulcorant liquide pour cuisson
1 gousse de vanille

Peler les poires entières en conservant la queue. Porter 60 cl d'eau à ébullition. Hors du feu, y faire infuser les sachets de thé 5 minutes.
Enlever les sachets de thé en les pressant, ajouter l'édulcorant pour cuisson, le jus de citron et la gousse de vanille fendue en deux et grattée.
Plonger les poires et laisser cuire 15 minutes à feu doux jusqu'à ce qu'elles soient translucides. Égoutter et laisser tiédir dans des coupelles individuelles.
Au moment de servir, entourer de yaourt à la vanille bien froid.
Décorer d'un morceau de vanille.

Utiliser du thé à la vanille ou earl grey.

6 PERSONNES

PRÉPARATION 15 MIN

CUISSON 40 MIN

Gâteau de rhubarbe

6 tiges de rhubarbe
Le jus de ½ citron
1 sachet de sucre vanillé
60 g d'amandes en poudre
2 c. à soupe d'édulcorant de cuisson
5 petits œufs

Préchauffer le four à 180 °C (th. 6).
Éplucher et couper la rhubarbe en tronçons. La faire cuire avec un peu d'eau pendant 10 minutes. L'égoutter et ajouter 1 cuillère à soupe d'édulcorant.
Mélanger au fouet les jaunes d'œufs, le reste d'édulcorant, le sucre vanillé et la poudre d'amandes. Ajouter le jus de citron. Monter les blancs en neige ferme et les incorporer délicatement à la pâte.
Dans un moule rond en silicone, étaler délicatement la pâte et la rhubarbe en les alternant plusieurs fois. Glisser au four pendant 30 minutes.

6 PERSONNES

PRÉPARATION

10 MIN

CUISSON

30 MIN

Gâteau léger normand

4 pommes
2 œufs moyens
10 cl de crème fraîche à 4 %
4 c. à soupe d'édulcorant de cuisson
2 c. à café d'eau de fleur d'oranger
80 g de farine
40 g de Maïzena®
1 sachet de levure chimique
1 pot de compote allégée
1 c. à café de sucre glace

Préchauffer le four à 200 °C (th. 6-7). Éplucher et couper les pommes en tranches. Dans un saladier, battre les œufs avec l'édulcorant et l'eau de fleur d'oranger. Ajouter la crème fraîche, la Maïzena®, la farine, la levure et la compote. Bien mélanger. Dans un moule en silicone, disposer les tranches de pomme en rosace. Recouvrir avec la préparation et mettez au four 30 minutes. À la sortie du four, saupoudrer légèrement de sucre glace.

Citronner légèrement les pommes une fois coupées afin d'éviter qu'elles s'oxydent.

1€

4 PERSONNES

PRÉPARATION

15 MIN

CUISSON

25 MIN

Tian de fruits au pain d'épices

500 g de poires mûres
et un peu fermes
500 g de pommes
1 tranche de pain d'épices (20 g)
1 c. à soupe de fructose
½ c. à café de baies roses
10 cl de nectar d'orange
1 c. à café de margarine

Préchauffer le four à 180 °C (th. 6).
Peler et épépiner les fruits, les détailler en gros quartiers de taille identique.
Toaster la tranche de pain d'épices au grille-pain pour la faire durcir un peu puis la couper en petits morceaux.
Margariner un plat à gratin (contenance 1 litre). Y répartir les quartiers de fruits en les alternant. Saupoudrer de fructose et parsemer de baies roses.
Enfourner pendant 10 minutes.
Au bout de ce temps, arroser de nectar d'orange et poursuivre la cuisson 10 minutes. Augmenter la température du four à 220 °C, parsemer de morceaux de pain d'épices, remuer un peu pour les imprégner de jus et faire cuire 5 minutes de plus. Laisser tiédir dans le four éteint puis réserver au frais.

Ce gratin de fruits sera encore meilleur le lendemain.

1€

4 PERSONNES

PRÉPARATION 20 MIN

CUISSON 15 MIN

REPOS 2 H

Crème au café meringuée

30 cl de lait écrémé
2 blancs d'œufs
1 c. à soupe de Maïzena®
2 c. à café de café soluble
1 c. à soupe d'édulcorant en poudre
1 c. à soupe de sucre en poudre
1 pincée de sel

Verser le lait, la Maïzena® et le café dans une casserole. Porter à ébullition en remuant à l'aide d'un fouet et faire cuire 1 minute. Ajouter l'édulcorant et mélanger. Laisser tiédir 10 minutes puis placer au réfrigérateur.
Verser les blancs d'œufs dans un bol. Ajouter le sucre et le sel. Disposer le bol sur une petite casserole remplie d'eau. Mettre l'ensemble à feu moyen et battre les œufs en neige très ferme à l'aide d'un fouet électrique.
Lorsque la meringue est bien prise (environ 5 à 8 minutes), ôter le bol du bain-marie et laisser tiédir.
Incorporer délicatement la meringue dans la crème au café froide.
Verser dans des coupes, couvrir de film étirable et placer au frais pendant au moins 2 heures. Servir très frais.

Décorer avec des grains de café (20 g).

8 PERSONNES

PRÉPARATION 10 MIN

CUISSON 35 MIN

1 €

Gâteau marbré

60 g de beurre allégé à 41 %
3 œufs
12,5 cl de lait écrémé
6 c. à soupe d'édulcorant de cuisson
200 g de farine
1 sachet de levure chimique
1 c. à café de vanille liquide
3 c. à soupe de cacao non sucré
1 c. à café de sel

Préchauffer le four à 150 °C (th. 5).
Beurrer un moule à cake. Casser les œufs en séparant les blancs des jaunes.
Dans une terrine, bien mélanger le beurre et l'édulcorant jusqu'à ce que le mélange blanchisse. Ajouter les jaunes et la farine ainsi que le lait et la levure. Bien mélanger pour obtenir une pâte lisse. Battre les blancs en neige avec le sel puis les incorporer délicatement à la préparation précédente.
Diviser la pâte en deux parts. Dans la première, ajouter la vanille et dans la seconde, le cacao.
Verser les préparations dans le moule en alternant les couleurs.
Faire cuire au four pendant 35 minutes.
Démouler et laisser refroidir avant de servir.

Le cacao peut être remplacé par 40 g de chocolat noir corsé et l'édulcorant par 8 cuillères à soupe de sucre en poudre.

4 PERSONNES

PRÉPARATION

15 MIN

CUISSON

10 MIN

Mousseline au chocolat blanc

10 cl de lait concentré non sucré à 4 %
80 g de chocolat blanc à la noix de coco
250 g de fromage frais à 0 % saveur vanille

Verser le lait concentré dans un bol, réserver 10 minutes au congélateur pour le faire refroidir. Casser le chocolat blanc en morceaux, le faire fondre dans un bain-marie d'eau tiède en remuant sans cesse pour qu'il n'accroche pas.
Fouetter le lait concentré bien froid jusqu'à ce qu'il mousse. Incorporer le chocolat fondu puis le fromage frais.
Mélanger délicatement jusqu'à obtenir une mousse onctueuse. Verser dans 4 petites coupelles et déguster.

Accompagner éventuellement de fruits frais (fraises, framboises, pêches) ou servir en nappage sur un gâteau.

1 €

4 PERSONNES

PRÉPARATION 10 MN

Mousse de banane à la cannelle

2 bananes (160 g chacune)
Le jus de ½ citron
40 g de crème fleurette à 4 %
4 c. à café de sucre
1 pincée de cannelle

Peler les bananes, les mettre dans le bol d'un mixeur avec le sucre, la cannelle et le jus de citron.
Mixer pour obtenir une purée.
Monter la crème fleurette en chantilly, l'incorporer délicatement à la purée de bananes. Répartir la mousse dans 4 coupes. Réserver au frais jusqu'au moment de la dégustation. Servir très frais.

Pour bien réussir la chantilly, mettre au préalable les fouets du batteur et le récipient 10 minutes au congélateur.

4 PERSONNES

PRÉPARATION

5 MIN

CUISSON

18 MIN

0,5 €

Bananes au four

4 bananes de 100 g
4 c. à café de sucre de canne
2 c. à café de cannelle
4 c. à café de rhum ambré
4 c. à café de beurre

Préchauffer le four à 210 °C (th. 7).
Disposer les bananes non pelées dans un plat de cuisson puis enfourner.
Faire cuire en les retournant régulièrement jusqu'à ce que la peau soit noire.
Sortir les bananes du four et les peler à moitié dans la longueur. Mélanger le sucre de canne avec la cannelle.
Sur chaque banane, répartir le beurre, le mélange sucre-cannelle et le rhum.
Enfourner de nouveau 2 minutes.

Accompagner d'une boule de glace à la vanille pour les plus gourmands.